AF349673

DISCOURS

Prononcé dans le Temple de la Loi à Bruxelles, le 10 Messidor, an VI, à l'occasion de la Fête de l'Agriculture,

Par le C. LESBROUSSART,

Professeur des langues anciennes à l'Ecole centrale du Département de la Dyle.

CITOYENS,

CE qui caractérise les peuples libres et qui les distingue des autres nations, c'est que chez eux les arts utiles et nécessaires obtiennent exclusivement l'estime et la vénération publiques, qu'ailleurs on prodigue aux arts enfans du luxe et de la vanité. Partout où l'esclavage dégrade encore l'espèce humaine, le vrai mérite languit souvent dans une honteuse obscurité, ou n'obtient de la grandeur dédaigneuse qu'un regard froid et stérile. A la cour des rois, tout est sacrifié aux prestiges de l'orgueil et de l'ambition. Rien n'est grand autour d'eux, rien n'est utile, que ce qui sert d'aliment au faste et à la pompe, qui sont le principal appui de leur puissance. Dans les Républiques au contraire, et partout où l'homme libre

A

conserve avec une fierté généreuse le sentiment de sa dignité, le chimérique éclat de l'opulence disparoît devant la vertu humble et modeste. Là, le bien que chaque membre de l'Etat fait à son pays, et les services qu'il lui rend, sont la mesure de l'estime qu'on lui accorde; et le seul titre aux hommages de ses concitoyens, c'est l'utilité reconnue de la profession qu'il exerce. Là, les distinctions et la gloire ne sont point, comme chez les peuples soumis au despotisme, le partage exclusif de quelques individus caressés par la fortune ou par la naissance. La patrie reconnoissante ne les y dispense qu'à ceux qui la servent utilement. Ce n'est pas qu'elle dédaigne ceux dont le talent contribue, par ses efforts, aux agrémens de la société, et qui, par leur industrie, lui procurent quelques-unes de ces jouissances qui ajoutent encore à sa célébrité et à ses plaisirs; mais dispensatrice économe et sage, elle se borne à protéger et à encourager dans les uns ce que, dans les autres, elle honore d'un culte et d'un respect particuliers. A ses yeux, le magistrat qui veille à sa sûreté, le guerrier qui verse son sang pour la défendre, l'homme de lettres qui l'éclaire par ses écrits, le savant qui l'enrichit par ses découvertes et l'artisan qui la sert par son industrie, marchent presque d'un pas égal; et dès qu'un citoyen se distingue par un mérite réel et par un talent utile et nécessaire, il peut prétendre à sa vénération et à sa reconnoissance.

A ce titre, la grande nation devoit un hommage éclatant et solemnel au citoyen dont le

bras infatigable force la terre à nous prodi-
guer ses trésors ; et c'est à l'époque où une
heureuse fécondité va combler son espoir et
payer avec usure ses longs travaux, que la
voix des législateurs nous invite à célébrer le
plus noble, le plus utile et le plus ancien
de tous les arts, l'agriculture. L'agriculture !
Oh ! combien ce mot présente à l'esprit d'ima-
ges et de sensations agréables ! Combien la
seule pensée de son utilité, combien l'aspect
des vertus qui l'accompagnent, impriment de
vénération pour le mortel respectable dont elle
ennoblit les actions ! En effet, si de vastes plai-
nes, si de riches vallons vont être bientôt
couverts d'un peuple de moissonneurs, si l'or des
épis qui vont tomber sous leur faux avide vient
un jour enrichir nos magasins et chasser loin
de nos cités la disette importune, si une terre
jadis ingrate voit avec étonnement sortir de
son sein des fruits auxquels elle s'étoit refusée
jusque-là, si de tristes déserts ont été trans-
formés en superbes guérets ou en vergers agréables, si la pourpre des raisins brille sur des
côteaux auparavant incultes, si de gras pâturages nourrissent d'innombrables animaux des-
tinés aux besoins du luxe, du commerce et
des arts, enfin si partout, en ce moment, la
nature se montre à nous brillante de toute sa
pompe et de toute sa richesse, à qui le de-
vons-nous, citoyens, si ce n'est à l'agriculteur
qui, vainqueur des élémens et maître de la
terre, en renouvelle ou change à son gré la
surface, et partage avec la nature l'empire de
l'univers ?

Et quel autre que lui sait tirer du sein de

cette terre ces fruits précieux qui portent dans nos corps la santé et la vie ? Quel autre que lui sait reproduire ces végétaux nombreux qui, sans ses soins, ne naîtroient que pour se détruire, ou périroient étouffés l'un par l'autre ? Et voilà pourtant l'homme que l'orgueil et l'opulence ont si long-temps couvert de dédains et d'humiliations, l'homme dont la vanité des castes privilégiées a toujours avili les inappréciables travaux, l'homme enfin qui, pour prix de ses vertus et de ses bienfaits, n'a jamais connu que le fardeau du mépris et de l'esclavage, dont le despotisme accabloit ses victimes ! En effet, citoyens, reportons-nous en idée dans les campagnes, où, avant que le peuple français eût brisé ses fers, la misère paroissoit avoir établi son domaine. Qu'apperçevoit-on alors dans ces hameaux confusément épars sur la vaste étendue de la France ? Une solitude morne et languissante, et sous des chaumières délâbrées, le découragement, le besoin et la disette sous les formes les plus hideuses ; ici, une mère pâle et défigurée pressant sur son sein desséché un enfant que l'indigence et la faim vont ravir à son désespoir ; là, un père éploré rentrant, accablé des fatigues du jour, dans ses obscurs foyers. Il revoit sa famille, et les baisers qu'il en reçoit ne dérident point son front abattu par la tristesse. Un pain noir et grossier, détrempé de sueurs et de larmes, répare à peine ses forces défaillantes. S'il repose, d'heureux songes ne se mêlent jamais pour lui à son pénible sommeil, et les flatteuses illusions de l'espérance ne charment point les ennuis qui l'assiégent.

(5)

Il n'a devant les yeux et dans la pensée que
la succession effrayante des peines qui le con-
sument, et que peut-être il transmettra, pour
tout héritage, à sa postérité plus malheureuse
encore.

Qui donc étendoit ainsi sur l'homme des
champs le voile de l'affliction et de l'infortune ?
Seroit-ce que l'Être suprême, en lui donnant
le jour, l'avoit dévoué particulièrement à l'op-
probre et à la douleur ? Mais une pareille as-
sertion outrageroit la justice et la bonté de ce
Dieu dont la toute-puissance s'annonce surtout
par les bienfaits qu'il répand sur la nature
entière. Nos biens sont un présent de sa main ;
nos maux sont l'ouvrage du crime et de la
perversité des hommes. Seroit - ce parce que
l'aurore ramène chaque jour pour lui la né-
cessité du travail ? Mais accoutumé dès l'en-
fance à l'activité de la vie champêtre, l'agriculteur s'en fait une heureuse habitude, et
l'oisiveté est le premier des vices qu'il apprend
à haïr. Seroit - ce qu'un air contagieux, ou
l'intempérie des saisons afflige quelquefois ses
troupeaux ou ses moissons ? Mais l'image d'un
avenir plus heureux, et les secours de l'ami-
tié compatissante sèchent bientôt ses larmes
et portent la consolation dans son ame. Seroit-
ce qu'une postérité nombreuse multiplie souvent chez lui les besoins de la vie ? Mais la
fecondité d'une épouse n'attrista jamais le cœur
de l'habitant des campagnes. Une femme et
des enfans sont pour lui des objets toujours
nouveaux de l'amour le plus tendre. D'ailleurs,
content de peu, il trouve dans une sage et
constante économie de quoi satisfaire à ses

A 3

rustiques besoins. Qui donc enfin portoit ainsi l'affliction et le découragement dans les campagnes ? Le fisc, citoyens, le fisc rapace et dévorant, qui regardoit l'agriculteur comme une victime dévouée à son avidité, et les productions de la terre comme un tribut que l'industrie agricole devoit à l'opulence et à l'orgueil des dignités. Combien de fois j'ai vu l'agent impitoyable de l'avide publicain, pareil au vautour acharné sur sa proie, enlever et vendre à vil prix, tantôt les vêtemens d'une famille éplorée, parure modeste que la pudeur déroboit quelquefois à la pauvreté, tantôt ces robustes animaux ou ces instrumens grossiers sans lesquels l'homme réduit à sa propre foiblesse périroit bientôt d'inanition sur le sein de la terre condamnée à une éternelle stérilité ! Devoient-ils donc être ainsi le jouet de la cupidité, ceux qui étoient les bienfaiteurs et les nourriciers de l'Etat ? N'étoit-ce point assez pour eux d'une vie consacrée au travail ? Falloit-il encore qu'ils portassent le fardeau du riche ? Falloit-il qu'ils se vissent ravir par la tyrannie financière le fruit de tant de veilles et de tant de fatigues ? Quoi donc ! le fisc oppresseur pensoit-il que le découragement et le désespoir les exciteroient plus au travail que l'aisance et la liberté ? ou bien regardoit-il la misère, la gêne et tous les fléaux enfantés par le despotisme, comme l'apanage des habitans de la campagne ?

Tant de maux successivement accumulés sur l'agriculture, avoient transformé les hameaux en un séjour de deuil et de désolation. Lorsque la terre reconnoissante rendoit au laboureur le

prix des soins qu'il avoit donnés à sa culture,
le fisc jaloux sembloit le punir de son activité en doublant le fardeau déjà trop pesant
des impositions arbitraires. En vain la philo-
sophie, en vain la justice et l'humanité s'éle-
voient depuis long-temps contre ce régime op-
presif et barbare : l'orgueil, l'avarice et la
soif de l'or étouffoient leurs voix et bravoient
insolemment le cri public. On eût dit que
l'homme des champs, rassasié d'outrages et
d'humiliations, avoit perdu le sentiment de sa
dignité. Que dis-je! citoyens : l'excès des maux
en hâta le terme; alors s'arrachant à sa lé-
thargie, l'agriculteur reprit son énergie natu-
relle. Fort de la justice de sa cause et de l'appui que lui prêtoit la voix des sages, pour la
première fois peut-être il fit trembler ses oppresseurs; et le jour qui vit renaître la liberté
française, lui rendit, dans l'Etat, le rang et
la prééminence que son utilité lui assigne.
Alors la foule des grands et des petits tyrans
qui tourmentoient son existence, rentra dans
le néant, foudroyée par l'opinion publique et
poursuivie par la haine attachée à la perversité.

Il a donc enfin recouvré ses droits sacrés,
ses droits imprescriptibles, le mortel bienfaisant
qui fournit à la société le pain qui la nourrit
et les héros qui la défendent! Il siège maintenant parmi les législateurs et dans le con-
seil suprême de la nation, celui que le pouvoir arbitraire et l'orgueilleuse grandeur retenoient dans l'avilissement, moins fier sans doute
d'avoir enfin réduit ses oppresseurs au silence,
que satisfait du plaisir d'être doublement utile

à sa patrie. Ah ! du moins les fruits de son industrie ne deviendront plus la proie du publicain, insecte vil et pesant, toujours prêt à dévorer le suc de l'industrieuse abeille. Il ne verra plus d'opulens et inutiles cénobites s'emparer, au nom du Ciel, de la portion la plus précieuse de ses moissons, ni d'importuns animaux dévaster impunément ses pâturages et ses champs. Protégé par les lois, soutenu par la patrie, juste appréciatrice de ses vertus et de ses travaux, il jouit maintenant dans toute leur latitude des droits de citoyen, et ces droits, qui pourroit désormais les lui ravir ? Enfant de Bellone et de Cérès tout à la fois, l'agriculteur français, comme ceux de la Grèce et de l'Italie, a prouvé qu'il savoit défendre et fertiliser la terre qui l'a vu naître.

Utiles et vertueux agriculteurs, c'est à vous maintenant d'apprecier les bienfaits de la liberté. En étouffant l'hydre du fisc, en renversant le colosse de la féodalité, deux monstres qui s'engrassoient de votre substance, la révolution française vous a rendu votre dignité originelle, et vous a vengés de quatorze siècles d'injustices et de vexations. Si à tant de bienfaits, la patrie ajoute encore de solemnels hommages, si elle ennoblit vos travaux par la vénération religieuse dont elle vous environne, songez du moins que, pour prix de la protection qu'elle accorde à vos personnes et à vos propriétés, vous lui devez une portion des biens que vous recevez de la terre libérale. Ses besoins sont grands, je le sais ; mais pour les combler, elle se repose sur votre affection et sur votre amour envers elle : c'est de vous surtout, c'est

de votre reconnoissance qu'elle attend les res-
sources nécessaires au maintien de sa puissance ;
sans votre soumission aux lois, sans votre exac-
titude à payer les contributions que ces lois
vous imposent et que lui doit chacun de ses
enfans, craignez que le Gouvernement paralysé
dans sa marche, ne voie s'évanouir les efforts
qu'il fait pour sa défense et sa prospérité. Que
vous resteroit-il alors, sinon le regret d'avoir
perdu, par votre indifférence et votre insen-
sibilité, ces droits que vous avez conquis avec
tant de gloire ? Bientôt vous verriez le despotisme et la tyrannie renaître de leurs cendres :
bientôt la cupidité insatiable de vos oppresseurs
ressuscités, bientôt les haines et les vengeances
non moins insatiables, rameneroient dans vos
hameaux tous les fléaux qui les infestoient jadis.
Les arts effrayés et fugitifs, l'industrie étouffée,
l'agriculture éteinte ou languissante, votre bonheur ruiné, anéanti pour toujours, tel est le
spectacle que vous offriroit cette terre aujour-
d'hui si fière d'être cultivée par des mains libres et républicaines.

Voulez-vous prévenir le retour de tant de
maux, et voir l'État aussi redoutable au dehors
que calme et paisible au dedans ? Acquittez avec
soin, acquittez avec franchise et loyauté la dette
sacrée des contributions. Repoussez loin de vous
les insinuations perfides et les suggestions insi-
dieuses des ennemis de la liberté. Lorsqu'ils
feignent d'associer le Ciel à leurs hypocrites re-
grets, lorsqu'ils cherchent à provoquer votre
pitié sur la chute de leur antique pouvoir,
lorsqu'ils calomnient à vos yeux et la charte
constitutionnelle, et le Gouvernement protec-

teur de vos droits, quel autre motif peut les animer, que celui de leur intérêt personnel ? Avec quelle astucieuse adresse ils entourent de piéges vos ames simples et faciles ! Ah ! qu'ils voudroient bien, à la faveur du trouble et de l'anarchie, vous ramener à l'esclavage, où la superstition et les préjugés vous retenoient jadis enchaînés. Eh quoi, citoyens, pouvons - nous douter des intentions bienfaisantes du Gouvernement à l'égard de l'agriculture, lorsqu'au milieu des soins qu'il donne à la gloire et à la sûreté de l'Etat, il appelle, de toutes les parties de la République, les lumières de l'expérience et de la réflexion sur cet art, le premier et le plus nécessaire de tous ceux qui contribuent à la prospérité publique ; lorsque, par ses ordres, chaque administration départementale voit se réunir autour d'elle les hommes les plus éclairés dans tout ce qui appartient à l'industrie rurale et aux diverses productions de la terre ?

Bons et vertueux agriculteurs, vous ne serez point insensibles à tant de bienfaits. Vous n'aviez auparavant que des maîtres ; vous avez maintenant une patrie et la liberté. Vous n'étes plus des vassaux éternellement courbés vers la glébe, à laquelle l'orgueil vous tenoit attachés ; vous êtes des citoyens, tous enfans d'une mère commune, qui attend de vous sa gloire et son appui. Eh ! quel mortel n'envieroit pas maintenant votre sort ? Vous n'avez pas à craindre les coups terribles qui frappent l'ambitieux ; et la foudre qui écrase les palais de l'opulence, épargne vos modestes chaumières. Les moissons, les arbres, les plantes que vos mains ont fait croître, vous ne craignez pas que la mer les engloutisse dans son sein, comme ces productions que le luxe et l'avarice vont chercher sous un autre hémisphère. Vos richesses sont le fruit de vos travaux et d'une sage économie, et non pas la dépouille du pauvre et de l'orphelin. L'aisance dont vous jouissez n'a point sa source, comme l'opulence de nos modernes *Lucullus*, dans les dilapidations impunément scandaleuses de la fortune publique. Vous possédez sans remords, parce que vous avez acquis sans crime. Vous n'avez pas à supporter, comme le riche, le poids accablant de l'oisiveté et les lentes persécutions des importuns. Vos fêtes sont moins pompeuses et moins magnifiques que dans nos bruyantes cités ; mais la franchise et la gaieté qui les animent, rendent vos plaisirs plus purs, plus vrais, plus constans. Que pouvez-vous envier à ceux que le préjugé élève au dessus de vous par leurs dignités ou leur naissance ? S'ils ont sur vous les avantages de la fortune, n'avez - vous pas sur eux ceux de la nature ? Ils sont foibles, languissans, efféminés ; n'êtes - vous pas sains, robustes, vigoureux ? Ils sont esclaves de mille passions qui les tyrannisent ; connoissez - vous d'autre esclavage que celui de vos devoirs ? Enfin, égaux à eux par la nature et par la loi, ne les surpassez-vous pas par vos vertus et par le bien que vous faites à vos concitoyens ?

Et quel charme ne prêtent pas encore à votre existence les lieux que vous habitez, l'air que vous respirez, l'aspect de ces champs où la nature est toujours riche, toujours variée, toujours majestueuse ! Est - il même, dans la so-

ciété, des fonctions plus saintes, plus sacrées
que les vôtres ? Est - il des travaux plus nobles
et des exercices plus utiles que ceux d'un art
qui vivifie l'industrie et le commerce, d'un
art sur lequel repose la puissance réelle de
l'Etat ? Ah ! si le bonheur consiste dans la vertu,
s'il n'est que la paix et la santé de l'ame, c'est
chez vous, sans doute, qu'il doit se rencon-
trer, c'est à dire, dans ces hameaux où les besoins sont moins impérieux et les désirs plus
modérés, où le travail est toujours suivi du
repos, où l'intérêt même connoît rarement l'ai-
guillon de la cupidité, où tout rapproche
l'homme de la dignité qu'ailleurs les passions
lui ravissent, où enfin les mœurs plus pures
et plus innocentes doivent affermir davantage
l'empire des lois et l'amour de la patrie.

VIVE LA RÉPUBLIQUE!

De l'Imprimerie de TUTOT, rue de Namur,
N°. 940.